BEI GRIN MACHT SICH IHR WISSEN BEZAHLT

- Wir veröffentlichen Ihre Hausarbeit,
  Bachelor- und Masterarbeit

- Ihr eigenes eBook und Buch -
  weltweit in allen wichtigen Shops

- Verdienen Sie an jedem Verkauf

Jetzt bei www.GRIN.com hochladen und kostenlos publizieren

Anne Westphal

Orientierungspraktikum am städtischen Gymnasium in Nordrhein-Westfalen

GRIN Verlag

Bibliografische Information der Deutschen Nationalbibliothek:

Die Deutsche Bibliothek verzeichnet diese Publikation in der Deutschen National-
bibliografie; detaillierte bibliografische Daten sind im Internet über http://dnb.d-
nb.de/ abrufbar.

Impressum:

Copyright © 2011 GRIN Verlag GmbH
Druck und Bindung: Books on Demand GmbH, Norderstedt Germany
ISBN: 978-3-656-73478-9

Dieses Buch bei GRIN:

http://www.grin.com/de/e-book/279875/orientierungspraktikum-am-staedtischen-
gymnasium-in-nordrhein-westfalen

GRIN - Your knowledge has value

Der GRIN Verlag publiziert seit 1998 wissenschaftliche Arbeiten von Studenten, Hochschullehrern und anderen Akademikern als eBook und gedrucktes Buch. Die Verlagswebsite www.grin.com ist die ideale Plattform zur Veröffentlichung von Hausarbeiten, Abschlussarbeiten, wissenschaftlichen Aufsätzen, Dissertationen und Fachbüchern.

Besuchen Sie uns im Internet:

http://www.grin.com/

http://www.facebook.com/grincom

http://www.twitter.com/grin_com

2011

Orientierungspraktikum - Bericht

Anne Silja Westphal

Deutsche Sporthochschule Köln

28. 02. - 01. 04. 2011

01.04.2011

Inhaltsverzeichnis

1. Einleitung

Ich habe mich für das I.-Gymnasium entschieden, weil ich von Freunden nur Gutes über die Schule gehört habe. Auch habe ich mich bewusst dagegen entschieden, das Praktikum an meiner alten Schule zu absolvieren.

Beworben habe ich mich per Email, woraufhin ich direkt eine Zusage bekommen habe und zu einem Vorgespräch eingeladen wurde. In diesem Gespräch wurde der Verlauf des Praktikums geklärt und die formellen Anforderungen der Universität. Mit mir haben fünf weitere Studenten ihre Praktika absolviert.

Meine Erwartungen für das Praktikum waren vor allen Dingen zu sehen, wie Lehrer den Alltag meistern, mit Schülern umgehen und schwierige Situationen bewältigen. Außerdem interessierte mich die unterschiedliche Unterrichtsgestaltung und Methodenauswahl. Meine Befürchtungen waren vor allem schwierige Klassen und Schüler, die die Lehrer allgemein und auch mich als Praktikanten nicht akzeptieren. Auch hatte ich die Befürchtung von dem Lehrerkollegium mehr als Last empfunden und schlecht betreut zu werden. Erhofft habe ich mir, zu lernen, mit dem Alltag und insbesondere mit schwierigen Situationen umzugehen und mir ein gewisses Durchsetzungsvermögen anzueignen. Weiterhin wollte ich etwas über den Umgang mit den SchülerInnen lernen und sehen, wie ich mit ihnen zurechtkomme und auch wie ich bei den SchülerInnen ankomme.

2. Das I.-Gymnasium

Das I.-Gymnasium ist ein städtisches Gymnasium für Jungen und Mädchen. Es liegt im Stadtteil Kornelimünster am Rande der Stadt Aachen in naturnaher, ländlicher Umgebung. 1968 wurde die Schule als Gymnasium des Kreises Aachen gegründet und nach der kommunalen Neugliederung 1972 als Städtisches Gymnasium der Stadt Aachen weitergeführt.

Zurzeit unterrichten 58 Lehrerinnen und 39 Lehrer unter der Leitung von Herrn Bierganz 1.217 Schülerinnen und Schüler in vier oder fünf Parallelklassen pro Jahrgangsstufe. Die Schülerinnen und Schüler des I.-Gymnasiums lernen frei nach Pestalozzis Motto mit „Hand, Herz und Verstand". Dabei kommt der individuellen Förderung eine entscheidende Bedeutung zu.

Seit 2000 zählt das I.-Gymnasium zu den Umweltschulen in Europa und 2008 wurde die Schule für ihr soziales und umweltpolitisches Engagement von der Schulministerin als „Schule der Zukunft" und als „Agenda 21 – Schule" ausgezeichnet.

Das I. bietet zusätzlich eine Reihe außerschulischer Aktivitäten an. Dazu zählen die individuelle Begabtenförderung sowie Förderunterricht für schwächere Schüler. Die „Junior Ingenieur Akademie", die - einzigartig im Westen Deutschlands – führt die Jugendlichen schon früh an die Praxis der Ingenieurwissenschaften heran. Das Comenius-Programm ist ein Programm der EU mit dem Ziel, die Zusammenarbeit von Schulen zu fördern. Dabei werden Austausche mit Schulen in Frankreich, Spanien, Italien und der Türkei organisiert. Außerdem haben die SchülerInnen die Möglichkeit Sprachzertifikate zu erwerben. Aber auch die musische Begabung der SchülerInnen wird gefördert. Des Weiteren leiten Lehrer Fussball-AGs, bei denen sowohl Jungen als auch Mädchen an Schulmeisterschaften teilnehmen. Die mathematisch oder sprach-interessierten SchülerInnen können sich ebenfalls in „Meisterschaften" mit anderen messen. Während meines Praktikums kam außerdem ein bekannter Musiker an die Schule, um füe seine Tour zu werben. Und in den Pausen verkaufen die SchülerInnen Fair-Trade-Produkte und selbstgebackenen Kuchen um das Geld für gemeinnützige Zwecke zu spenden. Und schließlich bietet die Polizei jeden ersten Mittwoch im Monat eine Sprechstunde im I.-Gymnasium an.

Es gibt einen aufwändig produzierten Imagefilm, um die Kommunikation zwischen Schule, Stadt, Eltern und Förderern auszubauen und das Gymnasium aus neuen und visuell aufregenden Blickwinkeln zu zeigen. Dieser wurde in Zusammenarbeit mit einem dreiköpfigen studentischen Filmteam der Fachhochschule Aachen erstellt.

Die Kollegen fühlen sich alle sehr wohl an der Schule und im Kollegium. Mehrere erwähnten die angenehme Schülerschaft, die zum Großteil aus Akademikerhaushalten stammt. „Das Beste am I. sind die Schüler".

4

Ausstattung der Schule

Die Schule verfügt über eine Reihe eigener Sportstätten wie eine Dreifach-Turnhalle, einen Außen-Sportplatz mit Tartanbahn und Rasenteil und einen Spielplatz. Die Schwimmhalle im Stadtteil Brand kann in zehn Minuten mit dem Bus erreicht werden.

Die Klassenräume sind alle mit einem Computer mit Internetanschluss und Beamer ausgestattet. In vielen Räumen gibt es ein Whiteboard, allerdings gibt es Probleme bei der Nutzung, da die Stifte dazu nicht einwandfrei funktionieren.

Im Pausenzentrum (PZ) hängt ein großer Bildschirm, auf dem die SchülerInnen morgens den Vertretungsplan und andere Ankündigungen lesen können.

Zurzeit finden Umbauarbeiten an der Schule statt, da eine Mensa gebaut wird, da das I. demnächst eine Ganztags-Schule wird. So hat eine Reihe von Klassenräumen mit Baulärm während den Unterrichtsstunden zu kämpfen. Auch sind einige Klassen aufgrund der Umbausituation in viel zu kleinen Räumen untergebracht, was, vor allem bei den Fünfern, für zusätzliche Unruhe sorgt und nicht viel Freiraum für Tischordnungen oder Gruppenarbeit lässt.

3. Hospitationen

Mein Stundenplan

Die ersten zwei Tage hat die Praktikantenbetreuerin die jeweiligen Stundenpläne zusammengestellt. Am ersten Tag habe ich die Klasse 5e zu Mathe, Englisch und Deutsch begleitet. Am zweiten Tag habe ich eine Lehrerin zu Französisch und Erdkunde begleitet. Ab dem dritten Tag habe ich mir meinen Stundenplan selber zusammengestellt. Dabei habe ich vor allem meine eigenen Fächer Sport und Erdkunde berücksichtigt. Ein zweites Augenmerk habe ich darauf gelegt, dass ich auch Einzelstunden im Sport, als auch in anderen Fächern besuchen kann, da an der Schule hauptsächlich Doppelstunden unterrichtet werden. Besonders erfreut war ich, dass ich auch eine Schwimmstunde in der Woche begleiten konnte, da ich selber Schwimmtrainerin bei der DLRG bin und dort schon einige Erfahrungen in dem Bereich gesammelt habe.

	Montag	Dienstag	Mittwoch	Donnerstag	Freitag
1.			EK Kir 7c 3106		EK Bej 13 1108
2.			EK Kir 7c 3106		EK Bej 13 1108
3.	Sp Ppa 9a T1	F Bej 6de 1006	Sp Mie 5d T1		Schwimmen
4.	Sp Har 6a T1	F Bej 6de 1006	Sp Mie 5d T1		Schwimmen
5.	Sp Her 9b T3	EK Bej 10 1108			De Wes 8 1108
6.	Sp Her 9b T3	EK Bej 10 1108			Sp Bil 7c T3
7.		PA Wes 10 S106			

Besonderheiten

Direkt am ersten Tag in den ersten beiden Stunden im Matheunterricht der 5e ist mir aufgefallen, wie viel Zeit für organisatorische Dinge verbraucht wird. Da der Lehrer Klassenlehrer dieser Klasse war wurden erst mal Dinge erörtert wie die Sitzordnung. Die Eltern hatten den Wunsch geäußert, die Kinder die drei Tage vor Karneval selbst ihre Plätze wählen zu lassen, da viele aufgrund der festgelegten Platzordnung keine Lust mehr auf die Schule hätten. Ein weiterer Punkt auf dem Elternabend war der Schwimmunterricht. Zum einen wurde den Eltern nahegelegt, auch außerhalb des Schwimmunterrichts mit den Kindern schwimmen zu gehen, da diese außerordentlich schlechte Leistungen in diesem Bereich gezeigt hatten. Außerdem wurde festgelegt, dass die Jungen kurze Schwimmhosen und die Mädchen Einteiler zum Schwimmunterricht tragen sollen. All dies wurde zu Beginn der Mathestunde an die Schüler weitergegeben. Eine Viertelstunde vor Schluss durften die Kinder sich dann umsetzen. Dies war mit viel Aufruhr und Unruhe verbunden und letztendlich gab es auch viele Schüler, die auch mit der selbstgewählten Platzordnung nicht zufrieden waren. Effektiv blieb dann nur eine Stunde der Doppelstunde für Unterricht übrig.

4. Beobachtungsaufträge

1. Beobachten und analysieren Sie das Verhalten eines auffälligen Schülers im Klassenunterricht während eines Schulmorgens!

Der Schüler fällt durch ständiges Stören, Unfug, unangemessenes Benehmen und Streitsucht auf. Er missachtete Regeln und Ermahnungen des Lehrers, prügelte sich mit Mitschülern und wurde von der Lehrerin als „enfant terrible" beschrieben. Schon beim Betreten der Klasse durch die Lehrkraft gibt es Gerangel mit meist demselben Mitschüler. Bei Ermahnungen fühlt er sich grundsätzlich ungerecht behandelt. Bei Arbeitsaufträgen gelingt es ihm meist nicht, selbstständig mit der Arbeit zu beginnen, erst nach mehreren Ermahnungen fängt er an. Auch bei anderen Kollegen ist der Junge bereits aufgefallen. Er erhält regelmäßig Einträge ins Klassenbuch und auch Gespräche mit den Eltern haben bereits stattgefunden. Dabei sind seine Noten nicht ganz schlecht, sie sind meist im 3er-Bereich.

Offenbar leidet der Junge an der Aufmerksamkeitsdefizit-/Hyperaktivitätsstörung (ADHS). Er hat sich einfach nicht im Griff, ohne dass eine bestimmte, bösartige Absicht hinter seinem Verhalten steckt. Maßnahmen, die bereits durch die Lehrer eingeleitet wurden sind zum einen nach Absprache mit ihm und seinen Eltern, der Einzelsitzplatz in der ersten Reihe und, ebenfalls mit Einvernehmung der Eltern, das Führen eines Hausaufgabenheftes, welches von den Eltern und Lehrern überprüft werden soll. Zumindest diese zweite Maßnahme hat bislang keinen Erfolg gezeigt, der Schüler führt, wenn überhaupt, nur sehr unregelmäßig seine Hausaufgaben in dem Heft auf und macht sie dementsprechend auch nicht.

Reflexion

Ich selber finde diese Maßnahmen nachvollziehbar und hätte wahrscheinlich ähnlich reagiert. Was ich jetzt weiterhin unternehmen würde, weiß ich ehrlich gesagt nicht, da sich im Verhalten des Jungens keine Besserung zeigt.

2. Schreiben Sie die Unterrichtssituationen auf, bei denen Sie den Eindruck hatten, dass den Schülerinnen und Schülern das Lernen richtig Spaß gemacht hat!

Eine Situation, in der die Schüler besonders viel Spaß hatten, war zu Beginn der Französischstunde. Die SchülerInnen der 6. Klasse sollten die Vokabeln zur letzten Lektion wiederholen. Dazu durfte ein Schüler einen Stoffball nehmen und eine Vokabel aus einem bestimmten Themenbereich, hier „Freunde", nennen. Danach warf er den Ball dem nächsten Schüler zu, der eine weitere Vokale zu dem Thema nennen durfte. Bei diesem Spiel hat sich eine gewaltige Dynamik entwickelt und die Kinder hatten sichtlich Freude daran, den gelernten Stoff wiederzugeben. Sie wollten gar nicht mehr aufhören.

Weiter ging die Stunde mit einem Rollenspiel. Auf einem Flohmarkt sollten die SchülerInnen Verkaufsgespräche führen und mit dem Verkäufer über Preise verhandeln. Dazu hatte die Lehrerin einige Gegenstände, wie Stofftiere, Comics, einen Fußball und ein Portemonnaie mit Kleingeld mitgebracht. Ein Schüler spielte nun den Verkäufer, ein anderer den Käufer. Auf Französisch musste der Käufer den Preis erfragen und handeln und anschließend das passende Kleingeld herausgeben. Auch dieses Spiel machte den SchülerInnen sehr viel Spaß.

Können Sie Dinge beobachten, die sich diesbezüglich verallgemeinern lassen?

Allgemein kann man an dieser Stunde erkennen, dass SchülerInnen Spaß daran haben, selber aktiv zu werden und den Unterricht mit zu gestalten. Die Verantwortung, die sie mit der selbstständigen Leitung des Spiels übernehmen lässt sie den Respekt des Lehrers spüren und sie fühlen sich berücksichtigt. Zusätzlich fördert das Spiel die Kreativität der Kinder, die zum einen überlegen müssen, welche Wörter in den Zusammenhang passen und andererseits, welche dieser Wörter sie bereits auf Französisch kennen. Insgesamt denke ich, gefiel ihnen die freie Gestaltung des Unterrichts in Verbindung mit Bewegung und der gefragten Kreativität.

Reflektieren Sie Ihre Beobachtungen auch vor dem Hintergrund der „10 Merkmale guten Unterrichts" (vgl. Vorlage im Seminar) von Hilbert Meyer (H. Meyer: Was ist guter Unterricht. Berlin 2004)

Inhaltliche Klarheit und klare Strukturierung waren gegeben. Die Schüler kannten die Vorgehensweise und die Regeln des Spiels. Ein lernförderliches Klima entstand, da die Schüler sich an die Regeln hielten. Es redete nur der, der an der Reihe war und der Ball wurde so weitergegeben, dass alle einmal an die Reihe kamen. Durch die Interaktion und Verantwortungsübernahme wurden die SchülerInnen mit in die Gestaltung des Unterrichts einbezogen. Dabei wurde das Sprechen, sowie das Wiederholen des Wortschatzes eingeübt. Insgesamt wurden eigentlich alle Merkmale guten Unterrichts mehr oder weniger berücksichtigt.

8

3. Bitten Sie mehrere Lehrkräfte, Ihnen eine spontane Antwort auf die Frage zu geben, was ihr besonders am Lehrerberuf gefällt (und was nicht) oder welche Erfolgserlebnisse sie besonders gefreut haben!

Auf diese Frage habe ich sehr unterschiedliche Antworten bekommen. Die erste Lehrerin, die ich fragte verwies als allererstes auf den Krach, der sie unheimlich störte. Erst danach zählte sie auf, was ihr Spaß an dem Beruf mache und was sie als Erfolge sieht. Den Wunsch Lehrerin zu werden hatte sie schon seit der Kindheit. Für sie stand schon immer fest, dass sie Kinder unterrichten wollte. Ihr persönlicher Erfolg ist, wenn die Schüler am Ende ihrer Schullaufbahn ein schönes Abitur machen.

Die zweite Lehrerin sagte, dass ihr die Arbeit mit Kindern und Jugendlichen gefällt, sie deshalb auch Gymnasial-Lehrer geworden ist und nicht Grundschullehrerin. Sie hat Freude an der Wissensvermittlung und war zudem selbst gerne in der Schule. Sie stört vor allem die zunehmende Bürokratie.

Ein Lehrer zählte auch zuerst die zunehmende und störende Lautstärke auf. Hinzu kommt die mangelnde Bereitschaft der Schüler sowie der Eltern, Regeln zu akzeptieren. Sein persönliches Erfolgserlebnis ist auch, wenn die SchülerInnen am Ende ihrer Laufbahn einen guten Abschluss erreichen, an dem er nicht ganz unbeteiligt ist. Eine weitere Motivation für ihn ist die Arbeit mit jungen und begeisterungsfähigen Menschen.

Reflexion: Welchen Kernkompetenzen / zentralen Lehrerfunktionen (vgl. Vorlage im Seminar) lassen sich diese positiven (negativen) Erfahrungen zuordnen? Entdecken Sie mögliche Tendenzen?

Die Kernkompetenz „Arbeit mit Kindern und Jugendlichen" trat ganz deutlich bei den Befragungen zutage.

Aus diesen Antworten lässt sich keine klare Tendenz ableiten, jedoch habe ich auch von einem anderen Kollegen, einem Sportlehrer allerdings, gehört, dass der Lärm ihm zunehmend Stress bereitet und er sich sogar Ohrstöpsel in die Ohren setzt, um dem entgegen zu wirken. Die Größe der Klassen wurde auch oft angesprochen, was ich nachvollziehen kann, denn mit 34 Kindern schwimmen zu gehen oder in einer einfachen Turnhalle unter zu kriegen ist schwierig. Dazu kommt das man bei einer zunehmenden Zahl von Kindern noch weniger auf die Einzelnen eingehen kann. Mit zunehmender Klassengröße steigt natürlich auch der

Geräuschpegel wieder an, gleich ob im Sport oder anderen Fächern. Daraus kann man auch die fehlende Aufmerksamkeit der Schüler gegenüber dem Lehrer und dem Stoff ableiten, was dann die Frustrationstoleranz des Lehrers fordert, der offenbar nicht alle SchülerInnen erreichen kann.

Auffällig ist auch, dass oft die negativen Empfindungen, die mit dem Lehrerberuf einhergehen, zuerst genannt und beachtet werden. Auch ein Sportlehrer, bei dem ich hospitiert habe, sprach oft über Schwierigkeiten und die negativen Seiten des Berufs. Positiv waren für ihn der Beamtenstatus und die Möglichkeit, vor allem für Frauen, aus Rücksicht auf Familienplanung eine Auszeit nehmen zu können, ohne das Risiko, den Job zu verlieren.

Dies deutet darauf hin, dass der Lehrerberuf von zwei Seiten betrachtet werden sollte. Man muss sich trotz aller Motivation und Begeisterung im Klaren sein, ob man auch mit den Begleitumständen umgehen kann.

4. **Erfassen unterrichtsrelevanter Lehrerentscheidungen: Notieren Sie Versuche der Lehrkräfte, die SchülerInnen für das Thema / den Unterrichtsstoff zu motivieren!**

Grundsätzlich ist mir bei diesem Beobachtungsauftrag aufgefallen, dass in den wenigsten Stunden eine motivierende Einleitung stattfindet. Meist wird direkt mit dem Stoff begonnen. Oft werden die Hausaufgaben abgefragt und im Sportunterricht wird oft nur angesagt, was in der Stunde gemacht wird.

Zwei Stunden sind mir jedoch aufgefallen. In einer Basketballstunde, einer Einzelstunde, wollte der Lehrer mit den SchülerInnen das Freilaufen über, da er in der letzten Stunde Defizite in diesem Bereich festgestellt hatte. Er machte die SchülerInnen darauf aufmerksam und erläuterte, wie wichtig das Freilaufen im Spiel ist. Daraufhin sollten die SchülerInnen sich in Kleingruppen Lösungen und Spielsituationen überlegen. Ich finde diese Herangehensweise insofern motivierend, da die SchülerInnen wissen, wofür sie die Übungen machen und später für sich selber nutzen können. Und durch die selbstständige Erarbeitung wurden sie wiederum in die Unterrichtgestaltung mit einbezogen.

Ein anderes Beispiel habe ich in einer Erdkundestunde der zehnten Klasse beobachtet. Es ging um die Ressource Wasser. Zum Einstieg fragte die Lehrerin ganz allgemein, wozu man Wasser im Alltag denn alles bräuchte. Weiter sollten die Schüler schätzen wieviel Wasser man für die genannten Bereiche brauchen würde. So konnten die SchülerInnen aus ihrem Alltag bekannte Dinge anbringen und so direkt eine Beziehung zu dem Thema erstellen. Das hilft im weiteren Umgang mit dem Stoff, Beziehungen zwischen dem Bekannten und dem neu gelernten herzustellen und sich gegebenenfalls auch außerhalb der Schule daran zu erinnern oder das Gelernte sogar anzuwenden.

Besonders wichtig ist meiner Meinung nach, besonders beim Einstieg in ein neues Thema, das Interesse der Schüler zu wecken und vielleicht sogar einen Bezug jedes Einzelnen zu diesem Thema herzustellen. Dazu eignen sich besonders aktuelle Themen, Nachrichten oder auch eigene Erfahrungen. Auch Bilder können, beispielsweise im Erdkunde-Unterricht, dazu beitragen, die Aufmerksamkeit der SchülerInnen zu erregen und sie dazu anzuregen, sich mit dem Thema auseinanderzusetzen. Wichtig ist auch, den SchülerInnen die Relevanz des Stoffes zu erläutern. Dinge, wie zum Beispiel das Wasser, die sie für selbstverständlich halten werden von einem anderen Gesichtspunkt beleuchtet. Solch ein Denkanstoß könnte ein guter Einstieg in ein Thema sein.

5. Zeichnen Sie das Klassenzimmer mit der Sitzordnung einer ausgewählten Klasse auf und kommentieren Sie kurz die didaktischen und pädagogischen Vor- und Nachteile dieser Raumgestaltung.

Tischordnung der Klasse 7c

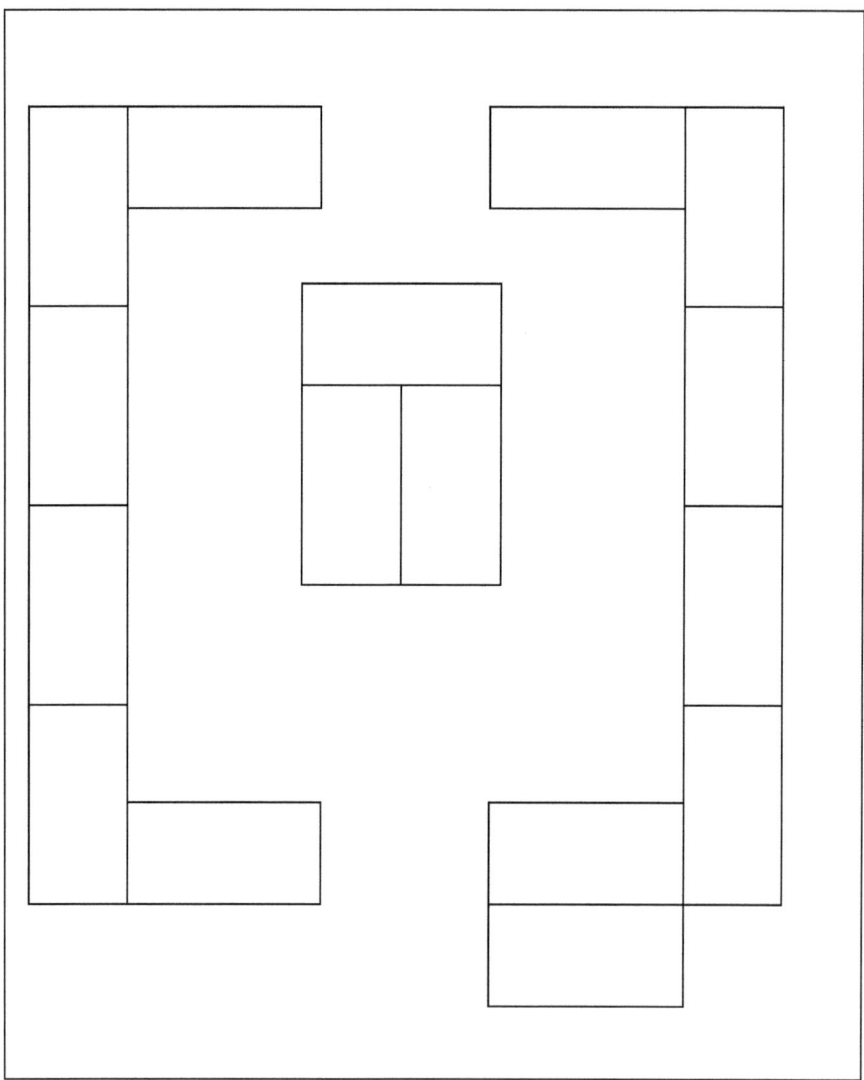

In einem Gespräch mit einer Lehrerein habe ich erfahren, dass man an der Schule generell weg von den traditionellen Tischreihen im Klassenraum hin zu Hufeisen-Formationen oder Gruppentischen möchte. Die Vorteile von Hufeisen und Gruppentischen sind dabei das Schülerzentrierte Arbeiten, die SchülerInnen können in Gruppen den Stoff selbstständig erarbeiten und sich austauschen. Die Akustik ist gut und der Austausch und die Kommunikation unter den SchülerInnen werden begünstigt. Auch für den Lehrer sind die einzelnen Schüler leichter erreichbar und zugänglicher. Zusätzlich eignet sich der Innenraum des Hufeisens für Präsentationen und lässt sich auch ohne viel Aufwand in einen Stuhlkreis umformen. Die Nachteile sind allerdings erhöhte Unruhe und Lautstärke unter den SchülerInnen, vor allem in den unteren Stufen, und die oft ungünstige Sicht zum Lehrer oder zur Tafel.

Sitzreihen hingegen benötigen den geringsten Platz. Die SchülerInnen haben eine optimale Sicht zum Lehrer und der Tafel und der Lehrer hat wiederum eine gute Übersicht. Doch die Akustik ist schlechter und der Blickkontakt unter den Schüler ist eingeschränkt. So können nur schwerlich Diskussionen aufkommen. Diese Sitzordnung ist eher lehrerzentriert.

Doch aufgrund der Umbauarbeiten stehen oft nur kleine Räume zur Verfügung, die keinen Platz für andere Tischanordnungen als Reihen zulassen. Vor allem Gruppentische nehmen sehr viel Platz in Anspruch. Im kommenden Schuljahr werden am I. mehr Schüler aufgenommen als bisher, so wird sich die Situation wohl auch in Zukunft nicht entspannen.

5. Eigene Unterrichtsversuche/Stundenentwürfe

Sportunterricht allgemein

In nahezu allen Sportstunden, in denen ich hospitiert habe, wurde ich von den Lehrern als Kollegin mit einbezogen. Ich habe oft Teile der Klasse zur Aufsicht und Korrektur von Übungen übernommen oder zum Beispiel in der Hockey-Stunde, in einem Spielfeld den Schiedsrichter gemacht und die Mannschaften ausgewechselt. In den Turn-Stunden konnte ich Ideen zur Ausführung bestimmter Übungen anbringen und anschließend bei der Korrektur helfen. Auch bei der Notengebung durfte ich dem Lehrer über die Schulter gucken und meine Meinung äußern. In der Klasse 7c, wo ich später die Basketball-Stunde gehalten habe, habe ich den SchülerInnen in der Spiel-Stunde davor einige Spielvorschläge unterbreitet, die sie auch angenommen haben.

Insgesamt hatte ich den Eindruck sowohl von den SchülerInnen als auch von den Lehrern respektiert und als Lehrkraft angenommen zu werden.

Schwimmen

In allen Schwimmstunden habe ich mich insofern eingebracht, als dass ich mit Aufsicht geführt habe und die SchülerInnen hinsichtlich ihrer Schwimmtechnik verbessert habe. In den Schwimmstunden wurde dem Lehrer generell eine zweite Lehrkraft zur Unterstützung bereitgestellt. In einer Stunde wurde die Klasse in drei Gruppen eingeteilt. Der erste Lehrer übte mit der ersten Gruppe den Startsprung, der zweite Lehrer die Kippwende und ich sollte mit meiner Gruppe nochmal die Technik des Brustschwimmens, insbesondere das Gleiten verbessern. Es herrschten optimale Bedingungen, mit nur acht Schülern auf einer Bahn konnte ich einige Übungen zur Gleitphase durchführen und auch Erfolge feststellen. In den vorangegangenen Stunden konnte ich feststellen, dass viele SchülerInnen besonders Probleme bei der Gleitphase des Brustschwimmens hatten.

1. Übung

In Wellen (vier Schüler nebeneinander) unter Wasser abstoßen und bei gestreckter Körperhaltung so weit wie möglich gleiten.

2. Übung

Mit gestreckten Armen nur den Brustbeinschlag ausführen und die Gleitphase nach jedem Beinstoß berücksichtigen. Die Schüler sollten zählen, wie viele Beinschläge sie pro Bahn brauchten. Diese Zahl sollten sie auf der zweiten Bahn versuchen zu unterbieten.

Anschließend sollten sie in der ganzen Lage schwimmen und die Gleitphase bewusst einbringen.

Nach zehn Minuten tauschte die Gruppe, die vorher die Wende geübt hatten, mit meiner. Nun mussten die neuen Mädchen dieselben Übungen machen. Beobachtet habe ich, dass die Mädchen insgesamt besser waren und die Übungen schneller verstanden und ausführten. Bei dieser Gruppe war ein größerer Erfolg festzustellen als bei den Jungen vorher.

Reflexion

Die Schwimmstunden haben mir alle sehr gut gefallen, da ich wie bereits erwähnt bereits Erfahrungen als Schwimmtrainerin gesammelt habe. Dies war im Grunde nichts Neues für mich. Ein Unterschied war allerdings die Heterogenität der Leistungen der SchülerInnen. Die

SchülerInnen haben mich als zusätzliche Lehrkraft akzeptiert und haben meinen Anweisungen Folge geleistet. Bei meiner Stunde haben sie gut mitgemacht und haben die Übungen gut umgesetzt und so Erfolge im Brustschwimmen erzielt. Dies hat auch der Sportlehrer bemerkt und mir ein gutes Feedback gegeben.

Basketball

Stundenentwurf Basketball, Klasse 7c

<u>Thema:</u> Basketball – Einführungsstunde

<u>Bedingungen:</u> keine Vorkenntnisse der Klasse in diesem Bereich. Der eigentliche Sportlehrer der Klasse, mit dem ich meinen Unterrichtsversuch abgesprochen hatte, war krank. Der Vertretungslehrer hat die Klasse geteilt. So hatte ich nur die Mädchen der, die Jungs sind mit dem Lehrer draußen Fußball spielen gewesen.

<u>Ziel:</u> Wurf auf ein Ziel (Korb), Fangen, Passen

Zeit	Inhalt/Gestaltung	Bemerkung
10 Min.	– 10er-Ball mit einem Basketball	– Spiel zum Aufwärmen – Passen, Fangen und Freilaufen wird geschult – Regel- und spielgerechtes Verhalten in Angriff und Verteidigung – Hinführen zu Grundlagen mannschaftlichen Verhaltens
10 Min.	– Brettball: Punkt für Brettberührung – Dann Punkt, wenn gleiche Mannschaft Ball wieder fängt – Regel: es dürfen nur 2 Bodenkontakte mit Ball ausgeführt werden	– Einführung der Schrittregel
3 Min.	Erklären und Vorführen des Passes, Druckpass und Bodenpass	

15

	Erklärung der nächsten Übung	
10 Min.	Partnerübung Passen (Druckpass und Bodenpass)	Ballgewöhnung, Gewöhnung ans Fangen und Passen
10 Min.	Reihenübung: Passen im Zickzack der Schüler am Ende der Reihe dribbelt mit dem Ball an den Anfang der Reihe zurück	Passen in Verbindung mit Bewegung

Reflexion

Die Stunde ist sehr gut verlaufen. Die Schülerinnen waren sehr aufmerksam und haben mich als Lehrer akzeptiert sich gut beteiligt und die Übungen gut ausgeführt. Ich konnte mir gut Gehör verschaffen und die Stunde wie geplant durchführen. Auch vom Zeitplan bin ich, wie geplant, durchgekommen. Meines Erachtens hat den Mädchen die Stunde Spaß gemacht. Für ein Feedback bleib leider keine Zeit, da der Vertretungslehrer die Stunde einige Minuten früher beendet hat. Verbesserungsfähig wäre meine Erklärung des Passens gewesen, da ich mich im Basketball nicht gut auskenne, kam die Erklärung vielleicht etwas unsicher bei den Schülerinnen an. Während des Unterrichtens habe ich mich sehr gut gefühlt, es hat mir Spaß gemacht, den Kindern etwas beizubringen.

6. Erfahrungen, Fazit, Aussichten

Meine Erwartungen haben sich zum Großteil erfüllt, ich habe den Lehrer-Alltag kennengelernt. „Leider" habe ich nicht viele Problemkinder oder –klassen gesehen und konnte so wenig über den Umgang mit solchen lernen. Andererseits habe ich so einen sehr positiven Eindruck des Lehrer-Daseins gewonnen, der mich sehr bestärkt hat, diesen Beruf zu ergreifen. Meine Befürchtungen, nur gegen unwillige Schüler „anzukämpfen" hat sich auf keinen Fall bestätigt. Im Gegenteil, aus Sicht des Lehrers habe ich viele Schüler gesehen, denen der Unterricht Spaß gemacht hat, die sich rege beteiligt haben und auch inhaltlich sehr interessiert und kreativ waren. Ich war regelrecht begeistert, wie sich in einer Klasse ein paar Jungs mit dem Erdkundeunterricht auseinandergesetzt haben, mitgedacht haben und selbstständig Zusammenhänge erkannt haben. Auch bin ich entgegen meinen Befürchtungen den Kollegen nicht zur Last gefallen, im Gegenteil, viele haben mich sogar angesprochen und eingeladen, in ihrem Unterricht zu hospitieren und auch, vor allem im Sport-Unterricht, aktiv mitzumachen.

Ich habe feststellen müssen, das man, verglichen mit Seminaren an der Universität, viel weniger Stoff in einer Stunde vermitteln kann. Auch geht durch Methoden wie Gruppenarbeit oder selbstständiges Erarbeiten eines Themas mit anschließender Vorstellung enorm viel Zeit kostet und oft inhaltlich nicht befriedigend ist. Durch Organisatorisches oder durch Herstellen von Ruhe und Ordnung geht sehr viel Zeit verloren. Beim Sportunterricht muss Zeit zum Umziehen, beim Schwimmunterricht noch mehr Zeit für die Fahrt zur Schwimmhalle eingerechnet werden.

Viele Schüler wissen gar nicht, wie man sich benimmt oder was sich gehört. Kaugummikauen, Essen und Trinken während des Unterrichts sind für sie völlig normal. Gespräche mit dem Nachbarn oder Herumrennen in der Klasse kommen häufig vor. Eine Lehrerin erzählte mir von einem Schüler, der mit einer Schere mutwillig den Tisch einritzte.

Obwohl ich mich bereits bewusst dazu entschlossen habe, Lehrerin zu werden (Lehramt ist mein Zweitstudium), hat mich das Praktikum sehr in meinem Berufswunsch bestärkt. Ich habe das Gefühl gehabt, gleich morgen loslegen zu wollen.

7. Literatur

Meyer, H. (2004): Was ist guter Unterricht? Berlin: Cornelsen Scriptor.